blog: eleganzamaschile.com
e-mail: info@eleganzamaschile.com

scritto da
Nicola Serafini©

Copyright 2016 Eleganza Maschile by Nicola Serafini© - Tutti i diritti riservati

Questa guida è distribuita da Eleganza Maschile (eleganzamaschile.com) e non può essere diffusa né modificata in alcun modo e da nessun soggetto.

Disclaimer:
Le informazioni qui riportate hanno carattere puramente orientativo. **Le immagini inserite in queste pagine sono tutte di proprietà di Nicola Serafini©** (salvo diversa indicazione debitamente specificata in calce alle immagini stesse), e non possono essere diffuse, copiate, modificate, o alterate per nessun fine, né commerciale né di intrattenimento. I trasgressori saranno perseguiti secondo la normativa di legge vigente.

Ogni eventuale riferimento iconografico a singoli prodotti di terze parti, a marchi registrati, o a case produttrici è puramente casuale, e **non ha valore promozionale**. Ogni singolo oggetto raffigurato nelle immagini qui presenti appartiene agli effetti personali di Nicola Serafini, che ha personalmente scattato le immagini, le quali hanno **un mero carattere orientativo** per il lettore; nulla è stato fornito dalle case produttrici per scopi promozionali. Non sussiste **nessun tipo di accordo commerciale** fra Nicola Serafini e i produttori degli oggetti raffigurati nelle immagini. Gli eventuali marchi registrati eventualmente presenti in alcune delle immagini sono e restano di proprietà dei rispettivi proprietari, la cui raffigurazione in questa guida ha un mero carattere artistico

Premessa

Chi sono e cos'è questa raccolta

Ciao!
Il mio nome è Nicola Serafini e sono il primo *Elegance Coach* in Italia, consulente d'immagine specializzato in eleganza maschile per liberi professionisti, nonché creatore del *brand* 'Eleganza Maschile' e autore del blog eleganzamaschile.com. Sono anche l'autore del best-seller *Arlecchino veste Hermès?*

(che puoi ordinare sul sito www.libroeleganza.com).

Innanzitutto ti ringrazio per avermi dato la tua fiducia, e ti faccio i miei più sinceri complimenti per aver acquistato questo vademecum.

Infatti, **quella che stai leggendo è la prima e unica raccolta di regole di eleganza maschile dedicata a professionisti e imprenditori.**
Quante volte te l'ho detto?

L'eleganza è questione di personalità, è individuale e personale.

L'eleganza vera nasce dalla naturalezza e dalla spontaneità: significa comunicare al mondo chi sei. Quasi in maniera spontanea, e senza seguire troppo la logica.

Eppure...

Esistono alcune regole che comunque vanno SEMPRE osservate.

Alcune regole che se NON osservi finirai col far la figura del "finto" elegante, o ancora peggio di sembrare un uomo totalmente **inelegante.**

Pensa, ci sono infine anche delle regole che possono far decollare la tua immagine e con pochissimi accorgimenti far tutta la differenza del mondo nella maniera in cui le persone ti guarderanno.

Io ho scritto decine e decine di:
- articoli sul blog (EleganzaMaschile.com),

- post sulla pagina Facebook,
- email (nella mia newsletter gratuita, alla quale puoi iscriverti gratuitamente sul sito www.EleganzaMaschile.com),
- più intere guide di eleganza (che trovi sempre sul sito, alla pagina "Guide & Corsi")...

Ma a volte serve solo una cosa: la semplicità nell'esposizione.

Forse a te rimane più comodo trovare in maniera schematica **alcune regole semplici da seguire**, **alcune regole esposte in maniera schematica e subito applicabili**. Magari la lettura della mia Guida all'Eleganza Maschile di duecento pagine ti interessa anche, ma vorresti assieme a questa anche qualcosa di riepilogativo.

Ecco perché ho deciso di creare questa raccolta delle **regole più importanti**

dell'eleganza maschile, che potrai - e dovrai - seguire a prescindere dal tuo livello di dimestichezza con me e col mio sistema.

Questo vademecum è studiato apposta per essere breve, semplice, e agile nella consultazione. Puoi leggere una regola al giorno al mattino quando ti svegli, e poi continuare il giorno dopo. Non ti prenderà tempo, ma cambierà di molto la tua concezione dell'eleganza.

Queste regole si applicano a ogni uomo che voglia ardentemente - e a tutti i costi - diventare la versione "più elegante di sé stessa" ed entrare nell'Olimpo dell'Eleganza.

Questa raccolta di regole è breve, agile, di facile lettura e soprattutto di facile consultazione. Il mio consiglio?

Tienila nel tuo smartphone (come vedi ho usato un'impaginazione che sia leggibile anche dallo schermo di un qualsiasi smartphone di medie dimensioni), e dacci un'occhiata ogni giorno. **Dovrai leggerla molte volte per far in modo che le regole diventino realmente tue e si depositino nel tuo inconscio.**

Solo in questo modo eviterai di commettere nuovamente qualcuno degli errori qui indicati.

Non sottovalutare questo semplice strumento che ti sto dando. Fra i professionisti e imprenditori che mi seguono, sono sicuro che si distingueranno dalla massa proprio color che applicheranno per primi - e meglio - queste semplici regole.

Il cuore dell'eleganza maschile è racchiusa in queste regole.

Fa' in modo di non sprecare questo svantaggio "sleale" che ti sto dando rispetto al resto degli uomini che stanno ancora brancolando nel buio.

A questo punto non mi resta altro da fare che augurarti una buona lettura.

Che l'eleganza sia con te!

Nicola Serafini

Fondatore di Eleganza Maschile.

Le 65 regole dell'Eleganza Maschile

1. **Non indossare MAI i calzini bianchi.**
   (Unica eccezione? La palestra.)

2. **Non indossare calzini coi sandali.**

3. **Abbina la cintura alle scarpe.**

4. **Non indossare abiti in pessimo stato.**
   (Tessuti vecchi, consumati, bucati,

macchiati, o anche semplicemente sporchi o maleodoranti.)

5. **Non indossare scarpe consumate,** bucate, o con la suola tutta rovinata.

6. **Devi stare comodo**. Questo non significa che i vestiti debbano essere larghi, ma semplicemente che devi riuscire a muoverti agevolmente (altrimenti si noterà, e otterrai l'effetto "ingessato" o ancora peggio quello del "salame").

7. **Abbina i calzini ai pantaloni**, o ad altri accessori (come pochette, sciarpa, cravatta).

8. **NON abbinare la pochette alla cravatta. MAI!**

9. Se indossi i pantaloni corti, devi assolutamente indossare dei calzini molto corti (massimo a coprire la caviglia).

10. **Non indossare i pantaloni corti... troppo corti**. Appena sopra il ginocchio

è il limite. Ma personalmente ti direi di evitare completamente i pantaloni corti, specialmente in tutte le occasioni lavorative. (Vale anche per passare in ufficio il sabato mattina, vale anche se sei da solo. Lavoro e pantaloni corti non vanno bene insieme.)

11. **Indossa al massimo tre colori** nello stesso momento. (Col tempo potrai infrangere questa regola, se te la senti, ma sappi che è molto rischioso.)

12. **NON abbottonare tutti i bottoni della tua giacca o del tuo gilet**. L'ultimo in basso deve sempre rimanere sbottonato.

13. **NON lasciare aperta la giacca quando sei in piedi o quando cammini**. MAI. La giacca sta aperta solo

quando ti siedi, altrimenti deve stare abbottonata.

14. **La lunghezza della tua cravatta deve sfiorare la cintura**, ma senza coprirla, e

senza arrivare troppo al di sopra della cintura stessa quando sei in piedi.

15. Se ti piace un completo ma non trovi la tua taglia, prendilo più grande e poi fallo stringere dal sarto.

16. **Non indossare vestiti sgualciti**.

17. **Prenditi cura del tuo viso**. Pulizia, rasatura, creme, via dicendo.

18. **Attenzione ai peli!** Rasati con attenzione ogni giorno, e soprattutto fai attenzione a naso, orecchie, retro del collo, e sopracciglia.

19. **Se vuoi portare la barba lunga, devi curarla in maniera maniacale ogni singolo giorno**. Lavarla, pettinarla, applicare oli essenziali appositi, e

soprattutto regolarne la lunghezza periodicamente.

20. **Indossa degli accessori** che esprimano la tua personalità.

21. **Non mescolare oro e argento** nello stesso momento.

22. **Usa una crema idratante** per il viso ogni mattina.

23. Impara a inserire almeno un colore chiaro nel tuo outfit in ogni occasione.

24. **Non aver paura di distinguerti** dalla massa, non c'è nulla di male.

25. **Non aver paura di sperimentare,** temendo di sbagliare. Prova, osa, sbaglia. Esplora!

26. Elimina i vestiti che non indossi da anni e che hai nell'armadio inutilmente.

27. **Porta da un calzolaio le tue scarpe** e falle sistemare e lucidare alla perfezione.

28. **Porta in lavanderia regolarmente i tuoi abiti**. (Puoi anche fare "spedizioni"

semestrali come faccio io: in primavera porto tutti i miei completi e le giacche invernali in lavanderia, così l'autunno successivo ritrovo tutto già pulito e pronto per essere indossato. Stessa cosa con le cose estive verso ottobre-novembre.)

29. **Trova una bella borsa**. Intendo una valigetta, o magari una porta-documenti. Magari in pelle, nera o marrone. Non esagerare con le misure: le valigette troppo grandi sono ridicole.

30. **Non farti influenzare dalle mode**, specialmente quando acquisiti cose durature come scarpe, cravatte e cappotti.

31. **Trova il miglior taglio di capelli per te**, facendoti aiutare da un esperto che ti sappia consigliare.

32. **Non mescolare fantasie diverse.** Abbina i tessuti a fantasia con le tinte unite.

33. **Evita di abbinare il marrone scuro al nero.**

34. **Non indossare MAI un completo nero con scarpe marroni.**

35. **NON lasciare mai la camicia fuori dai pantaloni. MAI**! (L'unica eccezione è se sei molto robusto, e in occasioni strettamente informali puoi indossarla fuori dai pantaloni, purché abbia il fondo stondato e NON a "coda d'anatra" come le normali camicie.)

36. **La lunghezza della manica delle tue camicie deve coprire il polso quando**

stai in piedi. E deve fuoriuscire dalla giacca di 1-2 cm.

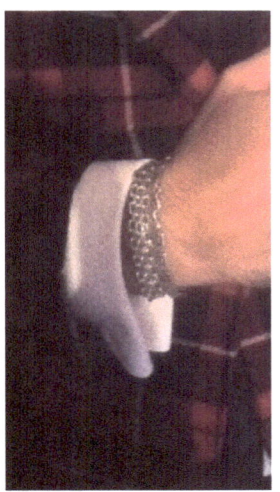 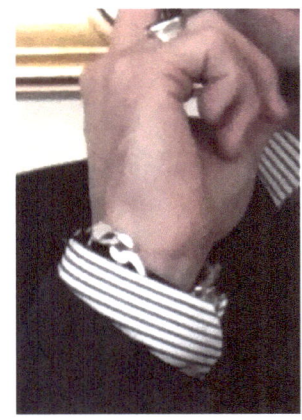

37. **La lunghezza della manica della giacca deve essere un paio di cm più corta di quella della camicia.**

38. **Attenzione ai colori sgargianti**, specialmente per quanto riguarda i pantaloni.

39. **Non indossare camicie a manica corta. MAI.**

40. **Evita i pantaloni troppo corti,** come negli ultimi anni se ne sono visti tanti. I pantaloni che lasciano la caviglia scoperta NON vanno bene. MAI. (I calzini non si dovrebbero vedere quando sei in piedi.)

41. **Qualsiasi pantalone o jeans che indossi, quando sei in piedi immobile, deve coprire i tuoi calzini**.

42. **Il colletto della camicia, quando è abbottonato, deve essere aderente ma non stretto**. Devi riuscire a infilare un dito fra il colletto e il tuo collo.

43. **I becchi del colletto della camicia non dovrebbero mai sollevarsi quando hai tutti i bottoni allacciati**. (Se si sollevano, significa che il colletto ti stringe troppo, o che hai tirato troppo la cravatta).

44. Non esagerare con l'acqua di colonia.

45. **Non farti le sopracciglia sottili e ben definite, come sempre più uomini fanno.** Sono brutte e ridicole.

46. **Se hai un sopracciglio "unico", tuttavia, devi eliminare i peli al centro della fronte**. So che alla regola precedente ti ho detto di non farti le sopracciglia, ma questo caso è diverso. Guardati allo specchio: le tue sopracciglia devono essere DUE. Se ne hai uno unico, devi correre ai ripari.

47. **Indossa le magliette intime "della salute" SOLO sotto alle camicie.** Quindi non usarle per uscire, in nessuna occasione, nemmeno per andare a correre.

48. **Combina fantasie diverse ma con motivi a grandezza differente.** (Nel dubbio, meglio non mescolare fantasie. Ma se proprio vuoi farlo, abbina scacchi grandi a scacchi piccoli, ad esempio. Ma, ripeto, questo è un terreno rischioso.)

49. **Impara ad abbinare tonalità diverse dello stesso colore.** (Ma crea comunque distacco.)

50. **Lo spezzato deve essere SPEZZATO.** (Pantaloni marrone scuro con giacca marrone chiaro, e viceversa. Scuro sopra e chiaro sotto, e viceversa. Niente mezze tonalità.)

51. NON improvvisare dei completi con giacche e pantaloni di colore simile ma non identico.

(Se non indossi un completo vero e proprio, lo spezzato deve essere spezzato. Vedi regola precedente.)

52. **Scegli gli occhiali da sole in base alla forma del tuo viso.** (Ad esempio, niente lenti rettangolari se hai il viso rotondo, perché "schiacciano" ancora di più l'immagine. Le lenti rettangolari si addicono a visi allungati e ovali.)

53. **Se vuoi portare la barba scegli un taglio che si addica alla forma del tuo viso e dei tuoi capelli.** (Fatti consigliare da un barbiere esperto. In linea generale, la barba aiuta tantissimo a "mascherare"

eventuali difetti del viso. Se molto ovale, con la barba sulle guance potrai "stondarlo", mentre se ce l'hai rotondo con un buon pozzetto potrai lievemente "allungarlo". Ovviamente si tratta solo di illusioni ottiche, ma comunque estremamente efficaci.)

54. Non indossare MAI le bretelle e la cintura contemporaneamente.

55. **Non indossare la cintura sotto al gilet**.

56. **Non indossare le bretelle a vista**. (Se le indossi, e ti faccio i complimenti se lo fai, comunque queste devono sempre rimanere nascoste sotto la giacca o sotto il gilet.)

57. Non allacciare l'ultimo bottone in alto della camicia se non indossi la cravatta.

58. **Cerca di evitare qualsiasi tipo di borsello a tracolla.** (Prova a sfruttare al meglio le tue tasche, o eventualmente usa una borsa a mano da uomo tipo porta-documenti, cartelle, e simili.)

59. **Impara a sfruttare al meglio il potere dei gioielli, ma senza esagerare.** (Se lo fai con la giusta misura, bracciali e anelli potenzieranno di molto la tua immagine.)

60. Niente tute o felpe col cappuccio per uscire di casa, se non per andare in palestra o a correre.

61. Le ciabatte - comprese le infradito - vanno bene SOLO per il mare.

62. Evita gli orologi troppo grandi, tecnologici e "patacconi", specialmente nelle occasioni

lavorative. Scegline uno semplice e raffinato.

63. **Se hai dei tatuaggi in posti ben visibili, cerca di non metterli in mostra quando incontri un cliente.** (Ad esempio arrotolando le maniche della camicia o lasciandola sbottonata sul petto.)

64. **Lucida periodicamente le tue scarpe.**

65. **Prenditi cura dei tuoi accessori in pelle, come borse, cinture, portafogli, cartelle e simili.** (Meno esposizione possibile ai raggi solari, alla luce, e soprattutto alla pioggia. Inoltre, fai dei trattamenti periodici di grasso naturale per mantenere vivo, nutrito, impermeabile e lucido il pellame.)

Epilogo

Metti in pratica queste semplici regole, e inizierai DA SUBITO a migliorare la tua immagine.

Tuttavia...

... Se volessi iniziare a fare sul serio e costruire la tua Immagine di Successo con ME al tuo fianco...

... allora leggi con attenzione la lettera che trovi a questo indirizzo, dove ti spiego come puoi farlo.

www.eleganzamaschile.com/guide-e-corsi/guida-completa/

Oppure ti basta inquadrare questo codice QR con la fotocamera del tuo smartphone, e potrai collegarti alla pagina senza bisogno di digitare tutto l'indirizzo:

Immagino che in questo momento tu sia un po' confuso.

Ti assicuro che è normale, lascia che te lo dica. In questa fase sei schiacciato dalle nozioni e dalle cose da ricordare.

Quello che ti ci vorrebbe, sarebbe proprio qualcuno che ti accompagni mentre muovi i tuoi primi passi nel mondo della VERA Eleganza Maschile...

... Qualcuno che ti mostri la via, aiutandoti a districarti nei meandri delle nozioni che in questo momento ti stanno dando una gran confusione.

Quindi...

Se vuoi una persona che ti prenda per mano e ti aiuti a mettere in pratica tutte queste regole, allora vai sul sito, e leggi cosa ho preparato per te!

Non aspettare.

Non ci sono vincoli, non ci sono impegni.

C'è solo <u>la possibilità di migliorare la tua immagine e diventare un vero uomo elegante e di successo.</u>

Dimmi la verità…

- *Non ti piacerebbe essere come uno dei modelli nelle foto che metto nel mio blog e nelle mie guide?*

- *Non ti piacerebbe essere in grado, come me, di decidere ogni giorno come declinare la tua eleganza ma SENZA rimanere imprigionato sempre nel solito completo?*

- *Non ti piacerebbe diventare <u>attraente</u> e <u>irresistibile</u> come le immagini di alcuni attori che vedi al cinema?*

- *Non ti piacerebbe diventare un uomo di successo, rispettabile, rispettato e invidiato?*

Se la tua risposta è "SÌ" ad almeno una di queste domande, allora... **solo QUI troverai svelato COME farlo**.

Quindi fatti furbo, e muoviti prima che sia troppo tardi.

In ogni caso... Ti aspetto sul blog eleganzamaschile.com e sulla pagina Facebook di *Eleganza Maschile*.

A presto, e *che l'eleganza sia con te!*

Nicola Serafini

Il primo *Elegance Coach* in Italia.

Scarica subito la guida gratuita dedicata a...

I 7 modelli di scarpe che non possono mancare nel tuo guardaroba

www.EleganzaMaschile.com

Arlecchino veste Hermès?
La guida definitiva per chi vuole essere elegante senza preoccuparsi dei colori

www.libroeleganza.com

www.EleganzaMaschile.com

www.ingramcontent.com/pod-product-compliance

Lightning Source LLC
Chambersburg PA
CBHW040333220526
45473CB00009B/2668